お客様の心をつかむ

保険窓販の使えるトーク60選

改訂新版

FPソリューション代表
1級ファイナンシャル・プランニング技能士 黒澤雄一

近代セールス社

はじめに

金融機関の保険窓販で難しいのは、弊害防止措置によって、保険の説明をする前に非公開金融情報の利用に関わるお客様の事前同意（以下、事前同意）が必要な点です。つまり、保険につながるニーズ喚起をしっかりと行って、お客様に「保険の話を聞いてみたい」と思っていただき、事前同意書への自署等をいただけなければ、商品パンフレットさえ出すことができない、ということです。

一般に保険会社の生命保険セールスでは、世間話の延長から徐々に生命保険の必要性を感じさせる話題になっていき、お客様が気づいた時には生命保険の話になっている、ということが往々にしてあります。決して正体を隠して近づいているわけではないのですが、「生命保険」というと拒否反応をお持ちになるお客様が少なくない現状から、多くのセールス担当者はこのような工夫をしています。

しかし、金融機関で保険窓販に従事する皆さんにはこのようなやり方は認められておらず、生命保険の話の前には事前同意のプロセスが必須ということになります。

「生命保険の話に進められそうだな」と判断できる局面が来たら、一転、「これから生命保険の話をさせていただきますので、こちらの書面をお読みいただき、ご同意いただけますか？」というトークをしなければならないのです。よく考えると難しいアクションです。

そのため皆さんは、事前同意取得にあたって、他の保険セールスと比較しても極めて高度なニーズ喚起手法を身に付ける必要があるということになります。

逆説的ではありますが、この規制のおかげで、全面解禁以後の金融機関の行職員のセールス力は飛躍的に向上しました。事前同意という難関を越えるための効果的なトークの研究が進んだといえましょう。

また、２０１６年５月に改正保険業法が施行され、保険募集時における、お客様のご意向確認・比較説明・推奨販売の規制が従来以上に強化されました。

この改正は、皆さんにとっては募集プロセスに煩わしい手続きを新たに追加するものと映るかもしれませんが、その目的は「売り手が売りたい商品を説得して売る」から「買い手が買いたい商品を納得して買う」という大きなパラダイム変換にあります。

生命保険は一般のお客様にはわかりにくく、専門用語だらけで、基礎知識の無い方が正しく比較・選択することが難しい商品と言えます。保険募集人は本来、そのようなお客様がご希望にそった保険を選択できるようお手伝いをするのが役目ですが、お客様を説得し、自らが売りたい商品を売りつける、ということもできるわけです。今回の改正はそこにメスを入れ、業界全体を良いものにしていこう、という狙いを持ったものなのです。

今回の保険業法改正への対応を誠実に行うことで、前述の事前同意を取得する規制への対応と合わせて、金融機関の皆さんのセールス力がさらに向上するものと考えます。

本書では基本的に、生命保険のニーズ喚起を行っているシーンにおいては、トーク後に「事前同意の取得」「募集指針の説明」「お客様のご意向の確認」というプロセスを行うことを前提にしています。また、保険説明時のシーンでは、事前同意等、前述のルールに従っているという前提で記述しています。これら前提部分の描出は、紙面の都合で割愛しておりますのでご了承ください。

また、例えば外貨建て個人年金保険で、外貨での年金受取ができる商品、一定期間の据え置きができる商品等、取り扱っている生命保険会社によって制度が異なる場合があります。皆さんの金融機関で取り扱っている商品の仕組みをご確認いただき、本書を読み進めていただきたいと思います。

なお、本書では2024年7月における税制・社会保障制度を前提に記述しています。今後、これらが改正・改定されることがありうる点もあらかじめご了承ください。

保険募集に当たっては、各金融機関が定めている募集ルールに従って、適切に対処していただきますようお願いいたします。

FPソリューション代表　1級ファイナンシャル・プランニング技能士

黒澤　雄一

お客様の心をつかむ 保険窓販の使えるトーク60選

［目次］

はじめに

PART1 資産形成・運用を切り口にしたアプローチトーク

PART2 保障を切り口にしたアプローチトーク

PART3

保険の見直しにつなげるトーク

PART4

相続対策を切り口にしたアプローチトーク

PART5 お客様の断りへの対応トーク

PART6

スムーズなクロージングのためのトーク

PART 1

資産形成・運用を切り口にしたアプローチトーク

PART 1

資産形成・運用を切り口にしたアプローチトーク

最近、「お金にも働いてもらおう」という言葉を耳にしませんか?

Talk 1

トークの流れ

銀行員「お客様は『お金にも働いてもらおう』という言葉を耳にしたことはございませんか」
お客様「お金に働いてもらう？　聞いたことがあるような無いような…」
銀行員「そうですか。最近、投資に関心をお持ちになる方が増えていて、そこでよく使われているフレーズなんです」
お客様「具体的にはどういうこと？」
銀行員「はい。お客様が会社で働いてお給料を得て、ご自身の資産を増やすのと同じように、お金を運用商品などに預けて資産をコツコツと増やしてもらおう、ということなんです」
お客様「でも、そんなにうまく増えるのかしら」
銀行員「もしよろしければ、どのような方法があるか、お話だけでも聞いてみませんか？」

解説

2024年から開始された新NISAですが、その少し前から投資に関心を持つ方に向けて、「お金にも働いてもらおう」というフレーズが出てくるようになりました。

例えば、専業主婦家庭であれば働き手は夫一人の「一馬力」。共働き家庭であれば働き手は夫婦の「二馬力」と言えます。これに、家庭に眠る「現預金」を投資性商品に投じ、もう一人の働き手として考えて「三馬力」で家計の資産を作っていく。これが「お金にも働いてもらう」という発想です。

家庭の現預金をもう一人の「働き手」と考えて、資産づくりの役割を与える。こういう考え方で、投資型年金保険や外貨建て生命保険などの商品に興味を持っていただきましょう。

こちらのご預金は何か使う目的が決まっているお金ですか？

Talk 2

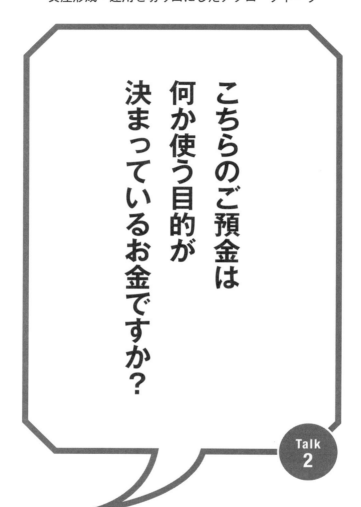

トークの流れ

銀行員「本日は定期預金の満期のお手続きにご来店いただき、誠にありがとうございます」

お客様「いえ。でも、少し前に比べると金利が上がったけれど、まだまだ低いわね」

銀行員「せっかくの定期預金に良い金利をご提示できず、申し訳ありません。ちなみに、こちらのご預金は何か使う目的が決まっているお金ですか？」

お客様「いえ、特に使う予定はないわ。それなので定期預金にしていたんだけれど、もらえる利息よりも満期の手続きに来る交通費の方が高くついたわ」

銀行員「恐縮です。例えば、当面使う予定がないまとまったお金でしたら、生命保険を活用してみる方法があるのはご存じですか？」

解　説

「しばらく使う予定がない、まとまったお金を運用したい」と考えるお客様には、定期預金以外の選択肢を提示してみましょう。

選択肢には投資信託などもありますが、投資に慣れていないお客様だと、価格の変動が怖いと感じられる方もいらっしゃいます。

皆さんにとっては当たり前のことかもしれませんが、生命保険を活用した資産形成・資産運用という方法そのものをご存じない方が少なくありません。

生命保険というと、万一の備え、医療の備え、ガンの備え……このようなマイナスなことへの備え、と考える方が多いからです。

このようなお客様に、生命保険が活用できるという選択肢もお示ししてみましょう。

資産は少しでも増やしたいけれど、リスクはとりたくないというお客様におすすめしている商品がございます。

Talk 3

トークの流れ

銀行員「2024年からNISAが新しくなりましたが、お客様はご活用されていますか?」

お客様「話はよく聞くけど、NISAって、株とか投資信託などの運用でしょ? やったことないし、預けたお金が減るのが不安で…」

銀行員「お気持ちはわかります。せっかくの資産ですし、減らさずに増やしたいですよね」

お客様「そうなのよ。でも、なかなかそういうわけにはいかないわよね」

銀行員「そうですね。株や投資信託はリスクをとる分、リターンを期待できますが、投資に慣れていない方には踏み出すのに勇気がいるかもしれませんね。でも、お客様のようにお考えの方に、リスクを抑えて資産運用の一歩にご活用いただける方法として、生命保険を活用する方法もあるんですよ」

解説

2024年に新NISAが始まり、老若男女で投資熱が高まっています。一方で、投資経験が無い方については、「やってみたいけれどリスクが怖い」と躊躇しているのが現状です。

このようなお客様は、まずは投資の第一歩を踏み出すことが必要ですが、NISAは、損失との相殺ができないなど、その仕組みを正しく理解することが必要な制度です。いきなり新NISAで個別株や投資信託を始めるよりも、身近な金融機関で始められる生命保険を活用した投資商品をご紹介してみましょう。

一時払いのほかに平準払いで積み立てたり、外貨を活用する方法もあります。

投資では「分散投資」が大切と言われていますが、お客様の資産運用では通貨も分散されていますか？

Talk 4

トークの流れ

銀行員「投資では『分散投資』が大切と言われますが、お客様も心がけていらっしゃいますか」
お客様「そうね。特定の銘柄だけだと、その値動きで資産が大きく影響を受けるからね」
銀行員「さすがです。では、投資対象を分散することに加えて通貨も分散されていますか？」
お客様「通貨？」
銀行員「はい。お客様の金融資産は円だけでしょうか？」
お客様「そう言われてみれば円だけだね」
銀行員「お客様は、現在日本にお住まいですし、将来も日本にいらっしゃると思いますので、円が資産のメインであってもよろしいかと思いますが、運用期間中であれば、外貨を一部取り入れてみるという考え方もあると思います」

解説

外貨建ての生命保険は日本国債よりも相対的に高い利率の外国債券を活用して外貨ベースでの着実な資産増加を目指す商品です。お客様が外貨に躊躇する理由に「為替リスク」がありますが、外貨ベースでは資産が徐々に増えていくので、徐々に元本割れの想定レートは切り上がっていきます。

満期になった場合、余裕資金であれば、為替の状況が思わしくなければ、外貨のまま受け取って置いておき、為替の状況が好転したら円に戻すなどの「時間を味方につけた」対応も可能ですし、外貨を外貨のまま使うこともできます。

円をメインの資産としながらも、余裕資金で外貨の運用を取り入れてみることも提案してみましょう。

現在の投資信託に外貨建て生命保険での運用を組み合わせてみませんか？

Talk 5

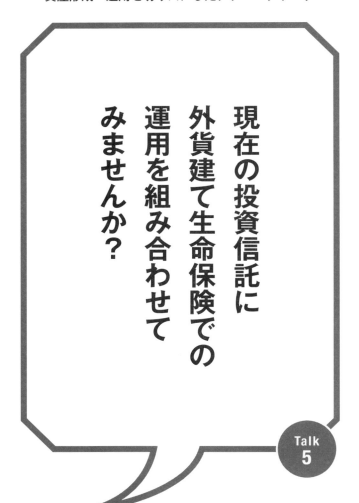

トークの流れ

銀行員「お客様は投資信託をお持ちということですが、当分保有されるおつもりですか？」

お客様「ええ。少し前まで元本割れしていたんだけど、ようやく利益が出るようになってきたので、もう少し増えるまで待ってみるわ」

銀行員「そうですか。それはよかったですね。元本割れの間はどのようなお気持ちでしたか」

お客様「そうねえ。ある程度はリスクを取らないと増やせないから、少しは覚悟していたんだけど、あまり気分のいいものではないわね」

銀行員「そうでしょうね。では、今度は、現在の投資信託に外貨運用を組み合わせてみませんか？　外貨建ての生命保険は、外貨ベースでは安定運用です。為替リスクはありますが、値動きの異なる投資信託と組み合わせることで、リスク軽減も図れますよ」

解説

外貨建て生命保険は、長期間にわたって外国債券を使って運用する商品が中心ですので、外貨ベースでみれば着実に増やせる手堅い運用手法だと言えます。

もちろん、外貨建て商品には為替リスクがありますが、当面使う予定の無いお金であれば、為替が好転するまでじっくりと待つことができます。

投資信託と外貨建て生命保険はそれぞれ異なる値動きをしますので、投資信託のリスクを少しでも減らしたいと考えるお客様には、投資信託と外貨建て生命保険の組合せによるリスク軽減を提案してみましょう。

投資信託と生命保険を合わせて運用するハイブリッド運用というのは聞いたことがおありですか?

Talk 6

トークの流れ

銀行員「○○様は、当面使わない資金の運用にはいかがお使いになっていらっしゃいますか？」

お客様「投資信託です」

銀行員「運用成績はいかがですか？」

お客様「何本かあるけど、まちまちだね。いいものもあれば元本割れしているものもある」

銀行員「そうですか。○○様は、投資信託と生命保険を合わせて運用する、ハイブリッド運用というのは聞いたことがおありですか？」

お客様「ハイブリッド運用？」

銀行員「はい。生命保険の投資型年金には『一定期間保有する』ことでリスクが抑えられるものがあります。投資信託のように大きく資産が増えることはありませんが、着実に増えますので、これを投資信託と合わせて保有することで全体のパフォーマンスを向上させるという運用方法がハイブリッド運用です」

解説

最近の一時払い年金保険には、株価連動型や外貨建てなど、お客様のリスク許容度に合わせた様々なタイプがあります。一方、死亡保障があったり、投資リスクを抑えて解約返戻金や年金を受け取れるものが多く、その分、投資信託や外貨預金よりもパフォーマンスは落ちます。

そこで、そうした一時払い年金保険を、リターンは期待できるがリスクのある投資信託と合わせて保有するのがハイブリッド運用です。

すでに投資信託での運用をされているお客様には、こうしたハイブリッド運用を提案してみることも効果的と言えます。

お客様は資産運用を「色分け」されていますか?

Talk 7

トークの流れ

銀行員「お客様は資産運用を『色分け』されていますか？」
お客様「色分け？　どういうことかしら」
銀行員「例えば、当面使う予定のないお金は積極運用、10年後くらいまでに使う予定のお金は安定運用、というように使い分けることです」
お客様「そんなふうには分けていないわね」
銀行員「そうですか。例えば、当面使わないご資金は、途中で運用がマイナスになっても、もう少し様子を見ようという判断もできると思います。しかし、使う時期が決まっているご資金ですと、そういうわけにはいかないですよね」
お客様「それはそうね」
銀行員「運用資金を分けると、その分、管理のお手間は増えるかもしれませんが、その資金の目的に合った運用が可能になります。例えば、使う時期が決まっていて、そこまで確実に増やしたいというご資金であれば、生命保険を活用する方法が考えられるわけです」

解説

積極運用はリスクも大きいですが、時間の余裕があれば、それもある程度抑えられます。しかし、使う時期が決まっている資金を準備する方法としてはリスクがあり、適していません。

資産運用を「色分け」するという考え方を示すことで、お子様の大学進学資金のように○年後に使うと決まっている資金については、投資信託よりも、期待リターンは少なくとも安全性の高い生命保険での運用をおすすめするといった提案が可能になります。

生命保険で運用された場合、税務上のメリットが受けられます。

Talk 8

トークの流れ

銀行員「生命保険を活用した資産運用について、話をお聞きになってみませんか？」

お客様「資産運用？　それならば、生命保険じゃなく、投資信託のほうがいいのでは？」

銀行員「はい、もちろん投資信託も有効な資産運用の手段です。ただ、生命保険での運用の場合、投資信託にない税務上のメリットが受けられるんです」

お客様「そうなの？」

銀行員「投資信託や株の場合、原則、儲けの部分に約20％の税金がかかります。しかし、生命保険での運用では、税制上、50万円までの儲けには税金がかからない仕組みになっているんです。資産運用は、リターンに対する税金も含めて検討することが大切ですからね」

解説

投資信託や株式では、運用益に対して約20％の税金が課せられます（ＮＩＳＡを利用した場合を除く）。また、定期預金は、どんなに低い利率が適用されていても、そこから約20％の源泉分離課税で所得税・住民税が引かれます。

しかし、生命保険では契約者が自分で受け取る満期一時金・解約返戻金は「一時所得」扱いになりますので、支払保険料よりも50万円までのプラスには税金が1円もかかりません。

リスクを抑えて手堅く増やせるタイプの一時払い商品にするだけでも、他の金融商品と比較して税務上の優遇が受けられるわけです。

積極運用を考えているお客様に対しても、税制上の優遇がある投資手法として、生命保険での運用をご提案してみましょう。

個人年金保険には所得税や住民税を安くする効果があることをご存知ですか？

Talk 9

トークの流れ

銀行員「個人年金保険には所得税や住民税を安くする効果があることをご存知ですか?」
お客様「そうなの?」
銀行員「はい。『個人年金保険料控除』といいまして、所定の要件を満たしたご契約であれば、支払保険料に応じて、所得税を計算する際の所得から一定の金額を差し引いてくれる効果があるんです」
お客様「具体的には、いくらくらい安くなるのかしら?」
銀行員「もしよろしければ、大まかな年収ごとにどのくらいの所得税・住民税が軽減されるかをまとめた資料がございますので、ご覧になってみませんか?」

解説

平準払いの個人年金保険では、一定の要件を満たせば支払保険料の全部または一部が「個人年金保険料控除」の対象となり、所得税・住民税の課税対象となる「課税総所得」から一定の金額を差し引くことができます。

ただ、「どれだけ税金が安くなるか」ということは、運用成果に比べて、お客様としては実感がわきにくいものです。

そこで、年収別に「所得税・住民税でこのくらいの減税が受けられます」ということをまとめた資料を用意しておくとよいでしょう。

資産運用と言うと、運用成果にばかり目が行きがちですが、こうした節税効果も含めた、トータルでのメリットを意識してもらうことが大切です。

お客様は保険料控除の枠はフル活用されていますか?

Talk 10

トークの流れ

銀行員「お客様は保険料控除の枠はフル活用されていらっしゃいますか？」

お客様「保険料控除？　保険には入っているけど、意識したことないわね」

銀行員「保険は必要だから加入する、という方は多いのですが、払っている保険料のおかげで所得税や住民税が安くなるんですよね」

お客様「保険料控除というと、年末調整の時に出すあれ？」

銀行員「そうです。一般の生命保険や介護医療保険の控除は50％以上の方がお使いになっているんですが、個人年金保険料控除は2割も使われていないんです」

お客様「そうなの？」

銀行員「保険料を払うことで所得税や住民税が安くなるのに、フル活用されている方が少ないんですよ。せっかくの保険料控除ですから、有効に活用できているか確認してみませんか？」

解説

保険料控除制度は2012年に改正されましたが、新しい3つの区分で控除されるのは2012年1月以降に契約された保険が対象になります。また、「一般」（73・5％）「介護医療」（53・0％）に比較し、個人年金保険料控除は17・6％と利用率に大きな差があるのが実態です（国税庁・民間給与実態統計調査・令和元年）。

特に個人年金保険は、多くの方が不安を抱える老後資金作りができ、支払った保険料の一部で所得税・住民税の軽減効果がありますので、積極的に提案してみましょう。

マイホームと教育費と老後資金…。この「人生の三大支出」に優先順位を付けるとしたらどういう順番になりますか？

Talk 11

トークの流れ

銀行員「お客様は『人生の三大支出』という言葉を聞かれたことはございますか？」

お客様「たしか、マイホームと教育費と…あとは老後資金だったかしら」

銀行員「さすがよくご存知ですね。お客様はこの3つのお金に優先順位を付けるとしたら、どういう順番になりますか？」

お客様「そうねえ。やっぱりマイホームのお金が一番かしら。いえ、子供の教育費も心配だわ」

銀行員「なるほど。では、老後資金はいかがですか？」

お客様「う～ん。それも心配だけど、必要になるのは最後だし、後でもいいんじゃないかと」

お客様「皆さんそうおっしゃるのですが、3つのお金の中で、『借りられない』のは老後資金だけです。ですから、現役時代の今から、計画的に積立をしておくことが大切なんです」

解説

住宅費と教育費と老後資金。皆さんが優先順位をつけたとしても、おそらく「老後資金」の優先順位が低いでしょう。人生後半に必要となるお金であり、まだ猶予があると思えるからです。

しかし、住宅ローンがある住宅費や、教育ローンや奨学金のある教育費と違い、老後資金は足りないからといって借りられません。

その点では、人生における三大支出のうち、自分の力でしっかりと準備しなければならないのは「老後資金」なのです。このことをお客様に認識していただきましょう。

1週間で一番お金を使うのは何曜日ですか？

Talk 12

トークの流れ

銀行員「老後の公的年金にプラスアルファができる個人年金保険のおすすめをしておりますが、話を聞いていかれませんか？」

お客様「老後の年金ですか？　今の生活だけでも大変なのに、とてもそんな余裕ないわ」

銀行員「そうですか。ちなみにお客様は、1週間で一番お金を使われるのは何曜日ですか？」

お客様「おそらく土曜か日曜かしら。主人や子供も休みで、家族で出かけることも多いし」

銀行員「そうですよね。お休みの日にはどうしてもお金がかかりますよね」

お客様「外食もしますしね」

銀行員「今はご主人も会社に行かれていますが、定年後は『毎日が日曜日』です。そうすると、お金を使う時間が現役時代よりも増えますので、どうしても老後にはお金がかかって、厳しいと感じる方が少なくないようですよ」

解説

現在の公的年金の平均的な受給額は、サラリーマンと専業主婦家庭のモデル年金で月額22万円程度です。

この金額について、お客様の中には「多いとは思わないが、暮らせないほどではない」という感覚を持たれる方が少なくありません。しかし、それは現在の「平日は会社で土日だけ休み」という状況下での感覚であり、「毎日が日曜日」ということが想定から抜けています。

どの家庭も平日にはあまりお金を使いませんが、老後は「毎日が日曜日」です。しっかりと備えていただく必要があるとは思いませんか？

平均寿命から考えると
ご主人が亡くなったあと、
奥様一人の時間が約○年
あることになります。

Talk 13

トークの流れ

銀行員「お客様は、老後生活資金の積立はされていらっしゃいますか?」
お客様「いえ、とてもそんな余裕はないわ」
銀行員「そうですか。ところで、奥様とご主人様の年齢差は何歳ありますか?」
お客様「3歳ね。主人が3歳年上」
銀行員「そうですか。そうしますと、女性の平均寿命が約87歳、男性の平均寿命が約81歳ですので、仮にお二人が平均寿命までお元気だったとすると、ご主人に万が一のことがあってから奥様一人で過ごされる時間が約9年ということになりますね」
お客様「そうなのね…」
銀行員「遺族年金などもありますが、10年近くお一人で過ごされるということになると、病気や介護への備えなど、何らかの準備が必要と思われませんか?」

解説

トークにあるとおり、平均寿命で考えると、夫を失ったあとの妻の寡婦期間は思った以上に長いものです。夫の遺族年金はありますが、夫婦二人で受け取っていた年金額に比較しても、大幅に収入は減ってしまいます。

一人暮らしでその後を過ごすとして、病気や介護のことを考えても、やはり頼りになるのはお金ということになります。

ご夫婦の実際の年齢差と平均寿命を用いた説明により、こうした現実を知っていただき、生命保険を使った備えの必要性をご理解いただきましょう。

お子様の教育資金の積立はもう何か始めていらっしゃいますか？

Talk 14

トークの流れ

銀行員「今日は〇〇小学校の学納金口座の開設にお越しくださいまして誠にありがとうございます。今年ご入学されたのですか？」
お客様「ええ。1年生です」
銀行員「それはおめでとうございます。お子様の教育資金の積立は、もう何か始められていらっしゃいますか？」
お客様「いいえ、それがまだなの。何か始めようとは思ってるんだけど」
銀行員「お子様の教育資金は、幼稚園から大学までオール国公立でも約800万円、オール私立だと約2200万円くらいかかるようです」
お客様「そんなに！　それは大変だわ」
銀行員「特に大学進学資金のご負担が重いという話をよく聞きます。特に初年度の納付金は、私立大学ですと100万円を超えますからね。まずは生命保険を活用して、この部分だけでもお積立を始めてみてはいかがですか？」

解説

最近では、学納金を、学校が指定した金融機関で口座振替することが一般的で、春先には取扱店の確認印を取り付けて学校に提出するよう求める学校が多数あります。そのような理由でご来店されたお客様に、教育資金の積立方法としての生命保険をご提案してみましょう。

もちろん、いきなり保険の話を出すのではなく、教育資金の一般的なデータを提示し、お客様のニーズを喚起したうえで提案に進みます。

進学先別の必要資金の一覧などを用意し、わかりやすくお示しすることが大切です。

特に使う予定はないけれどお金を貯めようかな、と考えているお客様には生命保険のご活用をおすすめしています。

Talk 15

トークの流れ

（ロビーのマネー雑誌を見ていたお客様に）

銀行員「お客様は資産形成にご興味はございますか？」

お客様「えっ、まあ、何となくですけど」

銀行員「そうですか。当行では様々なタイプの金融商品を揃えていますので、もしよろしければ話だけでも聞いていかれませんか？」

お客様「そうねえ…。でも、何か具体的に考えているわけではないの」

銀行員「将来必要になる資金や、特に使う予定が決まっているわけではないけれど、いざという時に備えたいということですよね」

お客様「そうなんです」

銀行員「特に使う予定はないけれどお金を積み立てたい、という方には生命保険のご活用をおすすめしているのですが、話をお聞きになっていかれませんか？」

解説

金融機関の店頭には各種の雑誌が置かれていますが、マネー雑誌を手に取るお客様は、資産形成に関心が高いお客様と推測されます。

例えば、雑誌は、①節約系、②投資・運用系、③保険系、というように大まかな分類で用意しておき、カウンターに来られるまでにどの雑誌を手にとっていらっしゃったかがわかれば、切り出しのトークの精度が上がります。

ロビー係は、どのお客様がどのジャンルの雑誌を手に取ったかを確認し、カウンターの担当者にサインを送る――こんな一工夫でも、より精度の高い切り出しができると思います。

保険を活用することで、貯蓄ができないという方も知らず知らずの間にお金が貯められます。

Talk 16

トークの流れ

銀行員「お客様は現在、計画的に貯蓄をされていらっしゃいますか？」
お客様「ええ。でも意思が弱くてね、少し貯まるとつい使ってしまうの」
銀行員「そうおっしゃるお客様は多いです。ただ、そうしたお客様も、生命保険を活用すれば知らず知らずに貯めることができますよ」
お客様「えっ、どういうこと？」
銀行員「はい。金融機関の口座にお金を入れておくと、ATMなどで引き出しやすいため、つい使ってしまいます。生命保険を使った貯蓄であれば解約するなどのお手続きが必要になるので、足りない分は何とか我慢してやりくりしようということになって、結果的に貯蓄が長続きすることになるんです」

解説

給料は使いたいだけ使い、残ったお金を貯蓄しようということでは、永遠に貯蓄はできないでしょう。給料をもらったら、簡単に引き出せない金融商品に預け替え、そのお金はなかったものと思って、残ったお金で生活する。これが「計画的にお金を貯める方法」です。

生命保険であれば、毎月保険料が口座振替され、払込みを長い期間続けることになりますので、長期的には大きな資産を形成できます。

途中でお金が必要になれば、「契約者貸付」で一時的に資金を引き出すこともできますし、どうしても保険料の支払いが厳しい際には、保険料の「自動振替貸付」もあります。

その意味では、保険を使った貯蓄には、「強制貯蓄」という側面があるといえるのです。

貯蓄はまず100万円貯めることから始めるといいみたいですよ。

Talk 17

トークの流れ

銀行員「それではご通帳をお返しいたします。ありがとうございました」
お客様「はい」
銀行員「ところで、お客様は計画的に貯蓄をされていますか？」
お客様「いえ、したいとは思うんだけど、なかなか貯められなくて」
銀行員「そうですか。貯蓄は、まず100万円貯めることから始めるといいみたいですよ」
お客様「100万円ですか…。とても自分にはそこまで貯められそうにないわ」
銀行員「100万円というのは、放っておいても貯まるという額ではないと思います。ただ、実はお金を貯めるにはコツがあって、やり方がわかれば、意外と貯められるものでもあるんです。そのあたり、よろしければ、少しお話をさせてもらってもいいですか」

解説

皆さんも経験があるかもしれませんが、貯蓄残高の100万円という金額は、資産形成の一里塚です。100万円の貯蓄ができると、それによって、「自分にもできる」という達成感と、「次は500万円」という新たな目標が出てきます。

平残が少ないお客様であればあるほど、「100万円」という言葉にはインパクトがあります。でも、100万円を自然体で貯めようとしてもなかなか難しいのが実態です。

そのようなお客様には、生命保険を活用した「強制貯蓄」のお話を切り出してみましょう。

生命保険を活用すると貯蓄の目標を達成しやすくなります。

Talk 18

トークの流れ

銀行員「生命保険をご活用になると、貯蓄の目標が達成しやすくなりますよ」
お客様「どうして？」
銀行員「生命保険はご契約の際だけでなく、解約してお金を受け取る時にも一定の手続きが必要になります」
お客様「そうでしょうね」
銀行員「これに対して普通預金のお金であれば、ATMで簡単に引き出せてしまいますので、ちょっと貯まっても、つい、ということになりがちなんです」
お客様「私もそのパターンだわ」
銀行員「そういう方は多いんです。ですので、貯まった資産を引き出しにくくする方法として生命保険をご活用なさる方が多いわけです」

解説

生命保険は契約、解約とも一定の手続きが必要なので、普通預金や定期預金のように簡単に現金化することができません。

なので、積み立て途中にちょっと引き出しを、と思っても、手間がかかるので「我慢しよう」ということになります。

人間は不思議なもので、目に見えるところにお金があると使いたくなってしまいます。あえて普段目につかないところにお金を置いておくことで確実に資産を形成できます。

生命保険を使った貯蓄は、まさにそうした「知らないうちに自然と貯まっている」という資産形成に向いた方法なのです。

こうした生命保険のメリットをお客様にぜひお伝えしてみましょう。

「先取り貯蓄法」という言葉をお聞きになったことはございますか？

Talk 19

トークの流れ

銀行員「お客様は『先取り貯蓄法』という言葉をお聞きになったことはございますか？」
お客様「いえ、ないわ。どういうこと？」
銀行員「はい。お金を上手に貯める方に伺うと、お給料が出たらまず、貯蓄する分を先に抜いておき、残ったお金でやりくりして生活するのがお金を貯める秘訣だそうです。それが『先取り貯蓄法』というわけです」
お客様「なるほどね。でも、ちょっと貯まったら使いたくなるのよね」
銀行員「そこで、もう一つ秘訣があって、貯蓄に回すお金は、なるべく目につかない形で別の金融商品にしておくのだそうです。こうすることで『先取り貯蓄』に回したお金のことは次第に忘れて生活するようになりますので、気づいたときには大きな資産になっているそうです」
お客様「それはなかなかいい方法かもね」
銀行員「はい。それで、そうした貯蓄に適しているのが生命保険なのです」

解説

貯蓄の上手な方は、お給料が振り込まれたら、貯蓄に回すお金を保険料に振り替えたり、自分でわざわざ落としにくい金融商品に換えてしまいます。そして残ったお金をやりくりして生活をされます。

そうすることで、貯蓄に回したお金は「初めからなかったもの」と考えてしまうのです。

普段使う普通預金口座などにはそのお金は見えませんので、積み立てていることも忘れて生活するようになるものなのです。

皆さん、お給料の一部を
貯蓄に回されますので、
貯蓄のチャンスも532回
ということになります。

Talk 20

トークの流れ

銀行員「お給料の振込口座の開設でございますね。ご入社おめでとうございます」
お客様「ありがとうございます」
銀行員「お給料日、楽しみですね。お給料日は年間12回、その他にボーナスがあれば会社からお給料が払われるのは年間14回です。仮に定年まで38年とすると…（電卓で計算して）532回のお給料日があるということになります」
お客様「まあ、そういうことですね」
銀行員「皆さん、お給料の一部を貯蓄に回されますので、貯蓄のチャンスも532回ということになります」
お客様「たしかにそうだけど、そんなに毎回貯蓄に回せるものなのかなあ。自信ないなあ」
銀行員「そういう方には生命保険を活用した積立をおすすめします。保険会社が毎月の保険料を口座から引き落としてくれますので、知らず知らずのうちに貯蓄ができますよ」

解説

新入社員の時には無限に続くように思える会社生活も、22歳で就職して60歳の誕生日で定年ということだと長くて38年間です。

トーク例にあるように、この間、給料日は夏冬のボーナスを合わせて532回。この回数を多いと思うか？　少ないと思うか？

いずれにしても、会社勤めの人はもらったお給料の中から貯蓄することになるので、貯蓄のチャンスも532回という計算です。このチャンスを有効に活用して、人生で必要な資金を積み立てていくご提案につなげていきましょう。

教育資金のご負担も先が見えてきましたね。

Talk 21

トークの流れ

銀行員「こちらは○○大学の授業料のお振込みですね？」
お客様「はい」
銀行員「失礼ですが、お子様は何年生ですか」
お客様「3年生です」
銀行員「では、来年は就職活動ですね」
お客様「ええ。子育てもこれでようやく一段落、という感じね」
銀行員「そうしますと、教育費のご負担も先が見えてきましたね。多くのご家庭では、ここからご主人が定年になるまでの間が、人生で最もお金を貯められる時期と言われています。ここでお金をしっかり貯めることで、老後にゆとりが生まれてくるのです。お時間があるようでしたら、生命保険を活用した老後生活資金づくりについて、お話だけ聞いていかれませんか？」

解説

教育資金の負担は年々重くなり、昨今では、私立大学の文系に4年間通うだけで400万円以上の学費が必要になります。お子様が大学に行っている間はほとんど貯蓄ができないどころか、貯蓄を取り崩して学費に充てているご家庭も少なくありません。

しかし、お子様が大学を卒業されると、年間100万円前後の学費の負担から解放されますので、家計に大きなゆとりが生まれます。

ここから定年までの間が人生で最もお金を貯められる時期となりますので、チャンスを逃さず、老後にご安心いただけるよう、貯蓄性の生命保険の提案につなげていきましょう。

住宅ローンのご完済、おめでとうございます。

Talk 22

トークの流れ

銀行員「もうすぐ住宅ローンのご完済ですね。おめでとうございます」
お客様「ありがとうございます。頑張って繰り上げ返済してきたおかげで、予定よりも早く完済できてよかったわ」
銀行員「繰り上げ返済をされたということは、お客様は貯蓄上手なのですね」
お客様「そんなこともないけれど、借りたものは早めに返しておきたいのでね」
銀行員「ありがとうございます。そうしますと、これまで住宅ローンの返済に充てていた分を、今度は老後生活資金の積立に振り向けられますね。もしお時間があるようでしたら、貯蓄に適した生命保険のお話がありますので、お聞きになってみませんか?」

解説

数十年にわたって毎月数万円、ボーナス時にはその何倍もの金額をローンの返済に回してこられたお客様にとって、住宅ローンの完済は、待ちに待った、さぞかし気分を晴れ晴れさせるものになることでしょう。

一方で、これまで負担してきた住宅ローンの支払いが無くなれば、その分を今度はご自分の老後生活資金作りなどにそっくりと回すことができます。

この世代は給与収入も多く、お子様の学費の負担にもめどがついていることが多いですから、保険料の支払い余力が高いといえます。

このようなチャンスを逃すことなく、平準払いの生命保険で着実に積立をしていくことを提案してみましょう。

生命保険を活用してアパートの家賃収入を資産運用なさいませんか？

Talk 23

トークの流れ

銀行員「お客様は資産運用の一つとしてアパート経営をされていると伺いましたが」

お客様「ええ。老後の収入源としてね」

銀行員「では、毎月家賃収入があるのですね。それは何か決まった形で運用されていらっしゃいますか？」

お客様「そうねえ、一部はこまごました改修や修繕に使っているけれど、残りは普通預金に入れているわね」

銀行員「そうですか。差し迫ってお使いになるご予定がなければ、生命保険を活用して、さらに資産運用なさいませんか？　投資信託ですと価格の変動がありますので、大きな修繕が必要になったときにマイナス運用になっていると困りますが、生命保険であれば、市況に左右されずに着実に増やしていくことができますよ」

解説

アパート・マンションのオーナーには毎月家賃収入がありますが、将来の修繕に向けてこれを計画的に積み立てている方は意外と少ないものです。

「家賃＝収入」と考えてしまうと、日々の生活の中で使ってしまいますが、「家賃＝将来の修繕積立資金」と考えると、必要な金額はしっかりと貯めておこう、ということになります。そこで、その積立に生命保険の活用を提案するわけです。

このようなお客様の場合、家賃収入を保険料原資としますので、平準払いの終身保険や個人年金保険などが適しています。

PART 2

保障を切り口にした
アプローチトーク

「健康寿命」という言葉をお聞きになったことはございますか?

Talk 24

トークの流れ

銀行員「お客様は、『健康寿命』という言葉をお聞きになったことはございますか？」
お客様「いえ…どういうことかしら？」
銀行員「多くの方が寿命を全うするまで健康に過ごされているわけではなく、一定の年齢になれば病気や介護状態になって、健康な時間を過ごせないと言われています。病気や介護が必要ない、お元気で過ごせる年齢を『健康寿命』と言っているのです」
お客様「なるほどね。確かに、亡くなる前の数年間は病院通いだったり、介護施設に入っている人が多いものね」
銀行員「そうですね。お客様はそうした場合に備えて、保険などでお手当てをされていらっしゃいますか？」

解説

健康寿命とは、「健康上の問題で日常生活が制限されることなく生活できる期間」のことをいいます。つまり、平均寿命と健康寿命との差は、日常生活に制限のある「健康ではない期間」を意味します。2019年の調べでは、この差は男性9年、女性12年。この期間は、病院にかかっていたり、介護や自宅療養の状態にあるということです。

多くのお客様は医療や介護の保障を持たずに老後生活に入りますので、そうした事態になると貯蓄を取り崩すことになります。このような状況は大変不安なものです。

そういったことにならないように、医療や介護の備えは、今のうちに保険でカバーしておくことをおすすめしましょう。

お客様が考える「いざという時」にはどのような時がありますか？

Talk 25

トークの流れ

銀行員「お客様は『いざという時』のために貯蓄をされていらっしゃいますか？」
お客様「ええ。先々何があるかわからないし」
銀行員「そうですか。お客様が考える『いざという時』にはどのような時がありますか？」
お客様「家を買うとか、入院とか、子供が留学したいと言い出したとか…いろいろですね」
銀行員「なるほど。そうしますと、お客様の考える『いざという時の資金』には、『夢をかなえるための資金』と、病気をしたときなどの『負担せざるを得ない資金』が混在していることになりますね」
お客様「そういうことになりますね」
銀行員「せっかくの貯蓄ですから、本当は『夢をかなえる資金』として使いたいですよね」
お客様「それはそうですけど…」
銀行員「でしたら、『負担せざるを得ない資金』は保険でケアするという方法もありますよ」

解説

「いざという時の資金」には、夢をかなえるための「前向きな資金」と、負担せざるを得ない「後向きな資金」が混在しているのが通常です。しかし、せっかく頑張って積み立てたお金です。「前向きな」使い方をしたいですよね。

医療保険を活用することで、病気やケガで入院となっても、そこで必要なお金は保険で賄うことができます。結果として貯蓄を「後向き」な目的で使わずに済むわけです。

貯蓄を「夢をかなえる資金」として使ってもらえるように医療保険を提案してみましょう。

医療保険を選ぶポイントは、本当に困った時に役に立つかどうかなのです。

Talk 26

トークの流れ

銀行員「お客様は病気やケガなどの際の医療費の備えをされていますか？」
お客様「医療保険のことかしら？　健康保険もあるし、別に必要性は感じないわ」
銀行員「そうですね。健康保険で自己負担は3割ですし、高額療養費制度もありますからね」
お客様「そうでしょ？　この間読んだマネー雑誌にも、FPの人がそう書いてたわ」
銀行員「確かに、入院や通院で1日いくらという医療保険なら、健康保険と預貯金で十分かもしれません。でも、医療保険のポイントは本当に困った時に役に立つかどうかです。例えば、がんになり先進医療が必要な場合、先進医療に係る費用は全額自己負担になり、場合によっては数百万円かかるといわれます」

解説

医療保険の基本的な保障は、入院1日につきいくら、通院でいくら…といったものが中心です。ただ、例えば病気で10日入院して10万円の給付金を受け取れるとして、このお金がないとお客様は困るでしょうか？

医療費の自己負担は3割ですし、高額療養費制度によって、1か月単位での自己負担も高額にならないような配慮がされています。そうした給付金は「あればうれしいけど、なくても困らない」お金ではないでしょうか？

一方、先進医療を受けた時や、重い病気で働けなくなった場合など、病気がきっかけで本当に困った時に備えるには、医療保険に追加できる各種特約が威力を発揮します。入院日額だけでなく、各種特約にも目を向けましょう。

医療保険は、若くて貯蓄が少ない時こそ加入しておく必要があるんです。

Talk 27

トークの流れ

銀行員「医療保険には加入されていますか？」
お客様「いえ。まだ若いし、必要ないかなと」
銀行員「そうですか。確かに、お若いお客様であれば病気にはならないかもしれません。でも、ケガや災害はどうでしょう。例えば、お客様は何かスポーツはされていますか？」
お客様「ええ、スノーボードをしています」
銀行員「そうですか。縁起でもない話で恐縮ですが、私の知人に、スノーボードで背骨を骨折して半年間車いす生活だった人がいます。仮にその治療費の自己負担が50万円だったとすると、お客様は貯蓄を崩して対応されますか？」
お客様「いえ、そこまでの貯蓄はないので」
銀行員「貯蓄がある程度あれば、それを取り崩して治療費を賄えます。でも、貯蓄が少ない時はどうでしょう。医療保険は、若くて貯蓄が少ない時こそ、加入しておく必要があるんです」

解説

医療保険は、病気に備えるためだけのものではありません。レジャーの際の事故や、災害、地震の際のケガなども対象になります。

若くて健康なお客様だと、病気への備えをニーズとして喚起することは難しいかもしれません。しかし、事故や災害はいつ何時遭遇するかわかりませんし、そこでケガを負って治療費がかかれば、貯蓄が少ない若いお客様にとっては大きなダメージになってしまいます。

事故や災害に遭う可能性は、年齢を問いません。その場合、貯蓄が少ない若い人ほど、相対的に負担は重くなることをご説明しましょう。

病気の中でも、がんは特別です。だから特別な備えが必要なんです。

Talk 28

トークの流れ

銀行員「お客様は『がん』に対して何か特別な備えはされていますか？」
お客様「医療保険には加入しているけど、がん保険みたいなものには加入していないわ」
銀行員「そうですか。いま『がん保険』という言葉が出ましたが、「脳卒中保険」「心筋梗塞保険」という言葉は聞かれたことがありますか」
お客様「いや、聞いたことないですね」
銀行員「そうなんです。一つの病気を特別に保障する保険というのは『がん保険』だけなんです。その理由はご存知ですか？」
お客様「がんにかかる人が多いからかな？」
銀行員「それもありますが、他の病気はたいてい、健康保険の範囲で治療を受けられます。一方『がん』は、健康保険で賄えない様々な治療法があり、お金のかかり方が他の病気とは違うんです。病気の中でも『がん』は特別です。だから、保険にも特別な備えが必要なんです」

解説

がん保険は「がん」しか保障しません。医療保険ならばすべての病気やケガを保障します。それならば医療保険のほうがよいとお考えになる方は少なくありません。しかし、ではなぜ、「がん」だけ専用の保険があるのでしょう？

がんは、人類が克服できていない病気です。治療法には様々なものがありますが、すべてが健康保険の対象になるわけではありません。

可能性のある様々な治療法を併用するのががん治療ですから、そのためには、資金的に特別な備えをしておくことが望まれるのです。

生命保険は救命ボートのようなものです。

Talk 29

トークの流れ

銀行員「給与振込口座のご開設ありがとうございました。長い会社生活の始まりですね」

お客様「ええ。早く仕事を覚えて頑張りたいです」

銀行員「まさに希望に満ちた『船出』ですね。ちなみに、これからの資産形成や万一の備えのための保険はすでにお手当てされましたか？」

お客様「いえ。まだです。そんなに急がなくてもいいかなと…」

銀行員「そうですか。でも、ちょっと考えてみていただきたいのですが、どんなに安定感のある豪華客船でも、必ず救命ボートが積まれていますよね。保険は救命ボートみたいなもので、お客様に万一のことがあった場合には、必ず役に立つことがあるんです」

お客様「救命ボートか…うまく言いますね」

銀行員「ありがとうございます。しかも、救命ボートは、出港する前に積んでおかないと役に立たないという点でも、生命保険とその役割が似ているのです」

解説

長い人生を航海にたとえると、就職は長距離航海の船出のようなものです。救命ボートを積まずに出港するようなことがあっては、いざという時に乗客の生命を守れません。その意味で、生命保険と救命ボートは役割が一緒です。

必要が生じるようなことがあると困るのですが、それがあることで自分や誰かを守ることができる。そういう「保険の本質」を救命ボートにたとえてお伝えしてみましょう。

共働きのご家庭の場合、奥様にもしっかりとした保障が必要なんです。

Talk 30

トークの流れ

銀行員「お客様のご家庭は共働きなのですね」
お客様「そうよ。だから仕事に家事に大変で」
銀行員「そうですか。ちなみに、共働きのご家庭に関して一つだけ情報提供させていただいてよろしいですか?」
お客様「何かしら」
銀行員「はい。奥様の収入が家計で重要な位置を占めているのに、奥様が万一の際の生命保険を手配されていないご家庭が多いんです」
お客様「うちもそうね」
銀行員「そうですか。でも、奥様にもし万一のことがあると、ご主人は奥様の収入を失うとともに、奥様が担っていた家事労働をすべてお一人でこなさなければならなくなります。その状態で住宅ローンを返済したり、お子様の面倒をみていくことができるでしょうか?」
お客様「そうねえ、それは難しいわね」
銀行員「共働きのご家庭の場合、奥様にもしっかりとした保障が必要なんです」

解説

生命保険は世帯主が入っておけばよい、というのは過去の話です。共働き家庭で奥様に万一のことがあり、奥様が稼いでいた収入や奥様が担っていた家事労働をいっぺんに失うことになれば、多くの家庭が立ち行かなくなります。

ご主人には何千万円もの生命保険があるのに、奥様は医療保険にしか加入していない、というケースは少なくありません。共働きのご家庭には奥様にもご主人なみのしっかりとした保障が必要であることをお伝えしましょう。

「定期」という言葉をお聞きになって何を連想されますか？

Talk 31

トークの流れ

銀行員「定期預金のご継続ありがとうございました。通帳をお返しいたします」
お客様「はい。ありがとう」
銀行員「ちなみにお客様は、『定期』という言葉をお聞きになって何を連想されますか？」
お客様「えっ？　定期預金しか浮かばないな」
銀行員「電車の『定期券』はいかがですか？」
お客様「そういえば、それもあるね」
銀行員「同じ『定期』という言葉でも印象はだいぶ違いますよね。定期預金はお金が増える、定期券は期間が来ると使えなくなってしまう」
お客様「そうね」
銀行員「同じように『保険』も、掛け捨てとイメージする方と、お金が貯まるとイメージする方がいるのですが、お客様はどちらですか」
お客様「そうね。掛け捨てのイメージかな」
銀行員「例えば、定期預金のようにお金を貯めながら必要な保障が準備できる、そんな生命保険があったらいかがですか？」

解説

言葉というのは不思議なもので、同じ単語でも人により受け止め方は異なります。トーク例にある「定期」という言葉もその一例です。

保険について言えば、自動車保険や火災保険のような損害保険のイメージをお持ちだと「保険＝掛け捨て」と感じる方が多いようです。

生命保険ならば、保障を得ながら長期間で資産形成できる保険もありますので、トーク例のような切り出しから、自然に生命保険の話題を出してみましょう。

お客様は学生時代に奨学金を借りていらっしゃいましたか?

Talk 32

トークの流れ

銀行員「お客様は、学生時代に奨学金を借りていらっしゃいましたか？」
お客様「ええ。毎月5万円借りていました」
銀行員「では、現在はまだその返済をされていらっしゃるのですね」
お客様「はい。少しずつですが」
銀行員「例えば、返済途中にお客様に万一のことがあったり、病気などで働けなくなった場合、奨学金の返済はどうなるかご存知ですか」
お客様「どうなるのかしら」
銀行員「親御さんが連帯保証人になっている場合には、親御さんがその借金を返済しなければならなくなります。そう考えると、お客様はまだお若いですが、万一に備えた生命保険を検討されておいたほうがよいかもしれませんね」

解説

最近は奨学金を借りる学生が増えており、2人に1人が奨学金を借りているそうです。基本は4年間、大学院まで進めば6年間にわたって毎月一定額を借りますので、卒業時にはその残高は大きな金額になっています。

借りた奨学金はもちろん、働くようになれば自分で返済するわけですが、返済途中に万一のことがあったり、病気で働けなくなったりした時には、連帯保証人である親が返済義務を負います。

親に資産がなく返済が不可能な場合には返済が免除されることもありますが、そうでなければ、奨学金といえども「借金」ですので、誰かが返済をしなければなりません。そこに、生命保険の必要性が出てくるのです。

お客様のご意向を踏まえた
保険のご案内ができるよう、
保険に対する
お客様のご意向を２度確認
させていただいております。

Talk
33

トークの流れ

銀行員「それでは、生命保険のお話をさせていただく前に、こちらのアンケートへのご記入をお願いいします」

お客様「アンケート？」

銀行員「はい。当行では、お客様のご意向を踏まえた生命保険がご案内できるよう、商品の説明前と、ご契約の直前の2度、保険に対するご意向を確認させていただいています」

お客様「なんだか面倒なことをするのね」

銀行員「申し訳ありません。ただ、お客様のご意向に沿うことなく、私どもがおすすめしたい商品を、私どもの勝手な判断でご案内するなどといったことがあってはいけませんので、お客様のご意向を第一に考えて、こうした手順を踏ませていただいております」

解説

2016年5月に改正された保険業法により、生命保険の販売について、お客様のご意向を2度（説明前と契約の申し込み前）確認するプロセスが定められました。

具体的には、まずは予備知識のない状態でお客様のご意向を伺い、その後、保険商品の説明を聞いていただいたうえで、契約の申し込み前に改めてご意向を確認する。当初のご意向と最終のご意向に相違点があれば、その点を確認して記録する、という流れになります。

面倒だと思われるお客様もいらっしゃるかもしれませんが、「売り手本位」でなく、お客様のご意向を第一に考えた対応、つまりは「買い手本位」の対応を重視したプロセスであることをしっかりとご説明しましょう。

お客様に自信を持って
おすすめするために、
当行の厳しい審査基準に
合格した保険のみを厳選して
ラインナップしております。

Talk
34

トークの流れ

銀行員「それでは、当行で取り扱っております医療保険について、その概要をご説明いたします。当行では、こちらの3社の医療保険を取り扱っております」

お客様「○○生命の商品はないのね」

銀行員「恐れ入ります。生命保険会社は日本で40社以上あり、保険商品も1000以上あるといわれています。たくさんの商品からお選びいただくこともできるのですが、特徴やメリットなどが似通った商品を整理し、お客様に自信を持っておすすめするために、当行の厳しい審査基準に合格した保険のみを厳選してラインナップしております」

お客様「そうなの。銀行さんが選んでいるのなら安心ね」

解説

改正保険業法では、比較説明・推奨販売の場合の情報提供義務が強化されました。複数商品を比較してご提案する前に、そもそも、なぜこの保険商品が選ばれたのかという理由も説明することになります。

金融機関では、何十社もの保険を取り扱うわけではなく、本部で数社程度を選択して取り扱うケースがほとんどです。商品の優位性や特徴など審査基準は様々ですが、いたずらに商品ラインナップを拡充するのではなく、まさに厳選して選択しています。

お客様がよく知る保険会社の取扱いがなかったとしても、そのラインナップは、お客様にご提示できる保険を金融機関が厳しい目で「一次選択」したものであることを伝えましょう。

PART 3

保険の見直しにつなげるトーク

住宅ローンを組まれているお客様の中には生命保険がかけ過ぎになっている方がいらっしゃいます。

Talk 35

トークの流れ

銀行員「住宅ローンを組まれたお客様の中には、生命保険がかけ過ぎになっている方がけっこういらっしゃるんですよ」
お客様「どういうこと？」
銀行員「住宅ローンを組んで家を買われた際、団体信用生命保険のお話をさせていただいたのですが、覚えていらっしゃいますか？」
お客様「ええ。確か、万一の際には住宅ローンが残らないということだったと思います」
銀行員「おっしゃるとおりです。一方でご自身で契約している生命保険は、家を購入される前に契約されたのであれば、当時の家賃も含めて保障金額をお考えになったのではないですか」
お客様「そうか…。家があれば家賃は関係ないし、万一の際もローンの返済を心配する必要はないわけだから、必要な保障額は減りますね」
銀行員「保険を見直して保険料が減れば、その分、繰上げ返済に回せるかもしれませんよ」

解説

生命保険を契約するに際しては、現在の生活費や子供の教育プラン、賃貸住宅ならば家賃など、毎月の支出を念頭に、必要保障額の検討が行われるのが一般的です。

一方、家を購入したあとは、家賃が不要なのはもちろん、団体信用生命保険がありますから、万一の際もローンの返済を心配する必要はありません。つまり、家を購入したあとは、保険をスリムにする余地が生まれるわけです。

こうしたことをアドバイスし、保険の見直しへとつなげていきましょう。

ご結婚に際し、一つだけアドバイスさせていただきたいことがあります。

Talk 36

トークの流れ

銀行員「通帳の改姓でございますね。ご結婚おめでとうございます」
お客様「ありがとうございます」
銀行員「これからの生活、楽しみですね♪」
お客様「はい♪」
銀行員「ところで、ご結婚に際し、一つだけアドバイスさせていただきたいことがあります」
お客様「えっ、何でしょう？」
銀行員「お二人が結婚前にご加入されていた生命保険があれば、保険金受取人をお互いに変更しておいたほうがいいですよ。保険金は配偶者に自動的に支払われるわけではなく、契約時に保険金受取人として指定した方に支払われます。ところが、結婚後も、受取人がご両親のままになっているケースが多いんです」
お客様「なるほど」
銀行員「もしよろしければ、この機会にご夫婦の生命保険証券をお持ちいただければ、保障内容の確認のお手伝いをさせていただきますよ」

解説

独身の方の場合、生命保険の保険金受取人に、ご両親を指定しているケースが大半です。

これを、ご結婚後も配偶者に変更しないでいると、いくら配偶者に保険金を渡したいと生前思っていたとしても、そうは絶対になりません。保険会社が保険金受取人以外に保険金を支払うことは100％ないからです。

結婚して通帳の改姓に来られたお客様には、こうした点をアドバイスをしながら、生命保険の点検を促してみましょう。

新居にお住まいになってから、家計の状態に変化はございませんか？

Talk 37

トークの流れ

銀行員「お客様は昨年当行で住宅ローンをお借入れされて、新居に住まわれたんですね？」
お客様「ええ。念願のマイホームです。最近ようやく落ち着いてきました」
銀行員「それはよかったですね。新居にお住まいになってから、家計の状態に変化はございませんか」
お客様「……実は、意外と出費がかさむのよね。インターネット使用料とか浄水器のフィルター交換とか…あとは駐輪場の使用料なんかもかかるし。毎月の住宅ローンの返済は、これまで払っていた家賃よりは少し安いけど、家計は相変わらず火の車ね」
銀行員「なるほど。もしよろしければ、当行では家計見直しの個別相談なども行っています。家計費の中で特に支出の大きい生命保険料を見直すと、だいぶ家計をスリムにできますよ」

解説

多くのお客様にとって、マイホームは一生に一度の大きな買い物。ようやく手に入れたマイホームですが、意外と細かな出費を意識せずに資金計画を立ててしまうようです。

マンションの場合は、トーク例にあるような、住み始めてから負担が発生するお金や予定外の出費増も少なくありません。

このようなお客様に、家計見直しの一つとして、生命保険の見直しをご提案してみましょう。生命保険はどの家庭でも月に数万円の支払いになりますし、見直して保険料が軽減できれば、その効果はとても大きくなります。

これまで以上に早いペースで繰上げ返済できるかもしれませんよ。

Talk 38

トークの流れ

銀行員「このたびは繰上げ返済いただきましてありがとうございました」
お客様「いえ、できるだけ早く返したいので」
銀行員「それは、何かご事情があるのですか」
お客様「ええ。主人の会社は55歳から給料が減るらしいので、できればそれまでに少しでも多く返しておきたいと思って」
銀行員「そうですか。今回ご返済いただいたご資金は、特別に貯蓄されたものなのですか」
お客様「ええ、毎月の食費やレジャー代なんかを削って、少しずつ貯めました」
銀行員「そうですか。例えば、生命保険の見直しなどもされたのでしょうか」
お客様「いえ、保険はよくわからないので…」
銀行員「なるほど。では、内容をご説明させていただきますので、次回、保険証券をお持ちになられませんか？　もし見直しができて保険料が節約できれば、これまで以上に早いペースで繰上げ返済できるかもしれませんよ」

解説

繰上げ返済をされるお客様は、その効果を理解している「節約意識の高いお客様」と考えられます。ただ、そんなお客様も、生命保険は何をどう見直してよいかわからないからと、手付かずになっていることが少なくありません。

住宅ローンがあるということは、団体信用生命保険にも加入しているわけですから、保険がかけすぎになっている可能性もあります。

生命保険をスリムにし、さらに繰上げ返済ができるようご提案してみましょう。

PART 4

相続対策を切り口にしたアプローチトーク

預金を保険という形にするだけで相続税が安くなることがあるんです。

Talk 39

トークの流れ

銀行員「お客様は相続税がかからない財産をご存知ですか？」

お客様「何かしら？　お墓とか仏壇なんかには税金がかからないって聞いたことがあるけど」

銀行員「おっしゃるとおりです。他にも、生命保険金の一部には相続税はかかりません」

お客様「一部っていうのは？」

銀行員「法定相続人一人当たり500万円までの生命保険金には相続税がかからないんです」

お客様「じゃあ、うちの場合は相続人が4人だから、2000万円が非課税ということね」

銀行員「そうですね。例えば、その2000万円を預金で持っていると、他の財産と合わせて相続税が計算されますが、それを保険という形にするだけでその計算から除外されますので、相続税が安くなることがあるんです」

解説

相続税法12条には相続時の非課税財産について規定があり、お墓などに加え、生命保険金、死亡退職金などの一定額が非課税となります。

生命保険の話をすると、運用系商品であればいくら増えるか、という点を気にされる方が多いですが、資産家のお客様にとっては、増やすということよりも「生命保険の非課税枠」という観点の方が資産防衛上の意味があります。

例えば、仮に相続税の実効税率が20％とすると、2000万円を生命保険にしておくだけで400万円の相続税がセーブできます。

「あまり増えないから…」と言って躊躇されるお客様には、この点を強調してみましょう。

生命保険であればお金に「宛名」をつけておくことができるんです。

Talk 40

トークの流れ

銀行員「何か相続対策はされていますか？」

お客様「いいえ、まだ何もしていないわ。そろそろ考えておいたほうがいいのかしらね」

銀行員「そうですね。財産の実態を確認し、誰にどう相続させるかを確認しておくといいと思います。生命保険を活用すれば、財産を受け取ってもらいたい人の指定もできますから」

お客様「生命保険？」

銀行員「はい。例えば、お客様がご自身に生命保険をかけ、受取人をお子様にすれば、そのお子様に確実にお金を受け取ってもらえます」

お客様「それって、生命保険じゃなくても、遺言さえ書いておけば大丈夫なんじゃないの？」

銀行員「遺言には一定の効果がありますが、預金等は最終的には相続人の間で話し合って遺産分割することになります。その点、生命保険であれば受取人以外は受け取れませんので、お金に『宛名』をつけておくことができるんです」

解説

土地や預金、投資信託などの財産は、民法上の相続財産ですから、死後に相続人が協議をして遺産分割します。そのため、誰々に残したいという意向を遺言書で残したとしても、必ずしもそのとおり分割されるとは限りません。

その点、生命保険は「みなし相続財産」として扱われ、分割協議が必要な民法上の相続財産ではありません。そのため、あらかじめ指定した受取人に確実に残すことができます。

この点において生命保険は、「宛名」のついた手紙と同様に考えることができるのです。

相続って「争う族」と書くこともあるのはご存知ですか？

Talk 41

トークの流れ

銀行員「相続って『争う族』と書くこともあるのはご存知ですか？」
お客様「語呂合わせね」
銀行員「そうなんですが、それほど揉めることが多いということなんです。お客様のところはそのご心配はないですか」
お客様「うちは自宅と少々の現金しかないいし、息子二人は仲がいいから大丈夫よ」
銀行員「そうすると、お一人にご自宅を、もうお一人に現金を引き継ぐことになるのですか」
お客様「まあ、そんなところね」
銀行員「相続では、お客様に万一のことがあった後、ご兄弟の話合いで財産を分けることになります。そのとき、ご自宅と現金に価値の差があれば、揉めることになるかもしれません」
お客様「うーん、そうなってしまいますかね」
銀行員「生命保険を使って、そうしたご兄弟が争う原因を今から取り除いておく方法があるのですが。ご興味ございませんか」

解説

相続で揉める原因は、遺産の多寡ではありません。むしろ、限られた財産を複数の相続人で分けるところに難しさがあります。

相続財産が自宅と少々の現金で、相続人が複数、というパターンでは、自宅と現金の価値の違いが争う原因となりがちです。

それまで仲の良かった兄弟が相続をきっかけに不仲になる例も少なくなく、そのような芽を前もって摘むためにも、生命保険の活用をおすすめしてみましょう。

生命保険であれば「いま手元にない財産」を残すことができます。

Talk 42

トークの流れ

銀行員「お客様は何か相続対策を始められていますか?」

お客様「いえ何も。やっぱり必要かしらね」

銀行員「相続税の計算方法が変わりましたので、意識されている方は多いようです」

お客様「そうなのね…。でも、うちは財産といえば不動産ばかりで、現金はあまりないのよ。税理士さんからは相続税が結構かかりますよ、と言われているんですが、いざとなれば土地を売ればいいかな、とも思ったりして…」

銀行員「そうしたお客様には生命保険を活用した相続対策をおすすめしています。生命保険のいいところは、いま手元に現金がなくても、家賃収入などを原資に生命保険を契約し、いざという時に生命保険金を相続財産に加えることができる点です」

お客様「なるほどね」

銀行員「生命保険であれば、『いま手元にない財産』を残すことができるのです」

解説

生命保険の大切な機能として「資産形成機能」があります。これは、平準払いで契約すれば、1回目の保険料を払った時から、万一の際には契約した保険金が支払われることを言います。

金融機関では、現預金をお持ちの方に一時払いで生命保険をおすすめするケースが多いですが、平準払いの生命保険を活用することで、現預金が少ないお客様でも万一の際には大きな現金を作ることができ、相続税の納税資金などにご活用いただけます。

生命保険を使って不動産価格の金額調整を行うこともできますよ。

Talk 43

トークの流れ

銀行員「お客様は不動産を多数お持ちですが、相続のご検討は進んでいらっしゃるのですか」
お客様「アパートが3棟あるので、3人の子供に1棟ずつ渡せればと思ってるんだが」
銀行員「なるほど。そのアパートの価値や家賃収入はどれも同じですか？」
お客様「それはないよ。築年数も場所も戸数も違うので、価値も家賃収入はバラバラだ」
銀行員「そうすると、どの物件を相続するかで不公平感が出る可能性がありますね」
お客様「たしかにそうだが、相続させてもらえるのだから、そんな文句は言わんだろ」
銀行員「お客様がお元気なうちはそうでしょうね。ただ、実際に遺産分割を協議する場になると、どうなるかわかりませんよ」
お客様「そういうものかなあ」
銀行員「お客様のようなケースでは、生命保険を使って、不動産価格の金額調整を行うこともできますよ」

解説

不動産の中でも特に賃貸住宅は、立地・築年数・戸数や入居率などによって価値が異なります。また、相続したお子さんは家賃収入を次の修繕に充てるなどしなければ物件を維持できません。そうした点では、どの物件を相続するかで不公平感が発生し、遺産分割協議が難航する可能性があります。

こうした場合、物件価値の差を生命保険金で調整することができれば、ある程度、納得感のある相続を実現できます。

生命保険を活用して生前贈与をするとお子様の無駄遣いを防ぐことができます。

Talk 44

トークの流れ

銀行員「お客様はご自身の財産をお子様やお孫様に生前贈与されていますか？」
お客様「相続税も結構かかるみたいなので、その対策として生前贈与も考えているんだけど、贈与したお金を無駄遣いしないか心配でね…」
銀行員「お気持ちよくわかります。では、生命保険を使って生前贈与されてはいかがですか」
お客様「えっ、それってどういうこと？」
銀行員「はい。お子様やお孫様に現金を贈与することは同じなのですが、そのお金で生命保険の契約も一緒にしておくのです。生命保険ですと簡単には引き出せませんので、無駄遣いを防ぐことができます。結果として、お子様たちの将来の資産として少しずつ育てておくことができるわけです」

解説

自身が築いた財産を子孫に残したいと願う方は多いですが、相続の際に移転させると多額の相続税がかかってしまいます。かといって、今から移転させると贈与税がかかるし、移転させた後、子供たちが浪費してしまうのでは意味がない。そうした理由で生前贈与に躊躇するお客様もいらっしゃいます。

そのようなお客様には、生命保険を活用した生前贈与プランをおすすめしてみましょう。

年間110万円までの生前贈与には贈与税がかかりませんので、その枠内で贈与し、そのお金を生命保険の年払保険料に充当する仕組みにするのです。

そうすることで、引き出しにくい資産として財産を移転することができます。

生命保険であれば いざという時 すぐに現金を手にできます。

Talk 45

トークの流れ

銀行員「万一の際にすぐに現金化できる資産をご準備されていますか」

お客様「えっ、それって預金じゃダメなの?」

銀行員「はい。預金は、お客様が万一の際、相続人の間で遺産分割協議が行われ、どなたがどの財産を相続するかがすべてはっきりとするまでは引き出しができなくなるんです」

お客様「そうなの?」

銀行員「中には数カ月、数年にわたり遺産分割協議をされるケースがありますが、その間はご預金の引き出しができないことになります」

お客様「それは困るな。葬儀費用や相続税だって払わなくちゃいけないでしょ?」

銀行員「そうですね。その点、生命保険だと、請求をすればすぐに受取人が現金を手にできますので、支払いに困ることはなくなります」

解説

どれだけ残高があっても、預金者が亡くなれば、その預金は引き出せなくなります。

金融機関によっては、葬儀費用などの一定額については簡易な書類で引き出しを認めているところがありますが、基本的には相続人の間で遺産分割協議が終わり、所定の書類が提出されない限り全額の引き出しはできません。

預金や土地、投資信託などはすべてそのお客様の財産ですから、それを相続人が現金にするには遺産分割協議を経なければなりません。

その点、生命保険は、保険金受取人が請求すればすぐ口座に保険金が振り込まれますので、現金が必要な時にも困らずにすみます。

生命保険を活用した修繕積立の計画を検討されませんか？

Talk 46

トークの流れ

銀行員「お客様は何か相続対策をされていらっしゃいますか」
お客様「ええ。アパート経営をしています。借入金は相続税の計算のときに有利になると聞いて、だいぶ前からやっています」
銀行員「それはご安心ですね。ちなみに家賃収入は修繕積立に回されていらっしゃいますか」
お客様「多少は積み立てているけれど、修繕と言ってもそんなに多くないし…」
銀行員「そうですか。時代の流れに応じた『バリューアップ』の修繕をしないと、入居率が低下してしまうという話も聞きますが…」
お客様「それはたしかにそうなんだけどね…」
銀行員「定期的なバリューアップの修繕ができるように、家賃収入を原資に、生命保険を活用した修繕積立の計画をご検討されませんか」

解説

相続対策としてアパート・マンション経営をされるお客様がいらっしゃいます。しかし、多くは相続税の圧縮が目的なので、入居者を確保するためのバリューアップの修繕には消極的なようです。

アパマン投資は借入金が相続財産から差し引ける点がメリットですが、返済が進めば節税効果は下がっていきます。修繕を積極的に行わないため、他の物件に負けて入居率が落ちるという悪循環にはまっている物件も多いようです。

生命保険を活用して計画的な修繕積立を行い、常に高い入居率が確保できるようにご提案してみましょう。

PART 5

お客様の断りへの対応トーク

「途中解約したときの元本割れが気になる」と言うお客様に①

他の投資商品の元本割れとは性質が全く違うと言えます。

Talk 47

トークの流れ

お客様「生命保険でもけっこう運用になるのはわかったわ。でも、途中解約すると、元本割れすることもあるのよね。そこが気になるわ」

銀行員「そうですね。でも、考えてみていただきたいのですが、投資信託や株式で元本割れすると、元本は今後回復するのか、回復するとしたらいつ頃か、ということは誰にも予想できません。ひょっとしたら、もっと下がってしまうのではないか、という心配もあると思います」

お客様「それはそうね」

銀行員「これに対して生命保険の場合、いつ解約したら元本割れするのか、いつまで待てば元本が確保できるのかは契約時点ですべて明らかになっています。その意味では、他の投資商品の元本割れとは性質が全く違うと言えます」

解説

生命保険を活用した資産形成プランでは、多くの場合、一定期間を経過する前に解約するといわゆる「元本割れ」となってしまいます。

しかし、定めた期間を越えれば約定どおり資産が増えて戻ってくること、いつ解約したら元本割れになるのかも最初から明確にわかっていることを考えると、それは「期間限定の元本割れ」と言えるでしょう。

これが投資信託であれば、いつ元本割れになるかは誰にもわかりません。また、元本割れとなった場合、その後も保有し続けていて元本が回復するかどうかの予測もつきません。

ですから、同じ元本割れといっても、その中身は全く違うわけです。この点をご理解いただきましょう。

「途中解約したときの元本割れが気になる」と言うお客様に②

元本割れするからこそ、解約せずに最後まで持っておこうと思うのです。

Talk 48

トークの流れ

お客様「プランはわかったけど、途中で元本割れするのが気になるわ」

銀行員「おっしゃるとおり、このプランでは、途中解約すると、戻るお金は支払った保険料の総額を下回ってしまいます。でも、そういうことがあるからこそ、このお金は崩さず最後まで持っておこうという気持ちになるのです」

お客様「まあ、それはそうかもね」

銀行員「例えば、普通預金や定期預金は元本割れしませんので、いつでも解約して使えます。ちょっとお金が必要、というときに崩しやすいので、『お金を使う』欲求と闘い続けなくてはなりません。一方、生命保険の場合は、元本割れは嫌だからこのままにしておこう、ということになり、結果として取り崩すことなく予定の時期まで資産を大切に増やしてくれるのです」

お客様「そういう考え方もできるわね」

解説

元本割れが気になるお客様は多いですが、逆に元本割れするからこそ途中で崩さないようにしよう、という心理になることをお伝えしてみましょう。

資産形成というのは「お金を使いたくなる」気持ちとの闘いです。少しお金が貯まると気持ちに余裕が出てきます。そんな時に欲しいものが目の前に現れたりすると、「少しくらいなら崩してもいいかな?」となってしまいます。

一定期間経たないと元本を回復しないということ自体が、資産形成の途中で貯蓄を崩さないためのポイントだとお伝えしてみましょう。

「途中解約したときの元本割れが気になる」と言うお客様に③

生命保険の唯一のリスクは「途中で解約すること」なんです。

Talk 49

トークの流れ

銀行員「以上がプランの内容です。ご不明な点はございますか？」

お客様「……だいたいわかりました。でも、途中で解約すると、戻ってくる金額は払った保険料よりも少なくなって、元本割れしてしまうわけね」

銀行員「そうですね。でも、それは考え方を変えれば、契約どおりに払い込みが行われれば、こちらの設計書にあるとおりに増えて資産の形成ができるということでもあります。そう考えると、生命保険の唯一のリスクは『途中で解約すること』なんです」

解説

生命保険の多くは、貯蓄性の保険であっても、払い込み期間の途中で解約することになると支払保険料総額よりも少ない解約返戻金となり、いわゆる元本割れということになります。

その点がやはりどうしても気になるというお客様も少なくないと思いますが、そうしたお客様には、ここに挙げたようなトークで返してみましょう。

特に貯蓄性の保険は、長期間にわたり辛抱して保険料を払い込むことによって、生命保険会社は長期運用が可能になり、支払保険料以上の死亡保険金や解約返戻金を返すことができます。

投資信託は、リターンを得るために「リスク」をとります。生命保険は、リターンを得るために「時の経過」を要します。この違いを説明しておきましょう。

「保険料が高い」と言うお客様に

保険料を安くするのは簡単です。でも、積立の金額が半分になっても、お子様を大学に行かせてあげることができますか?

Talk 50

トークの流れ

銀行員「以上がご提案プランですが、いかがでしょうか？」

お客様「う～ん。これなら教育資金が貯められることはわかったのですが、この保険料、もう少し安くならないかしら」

銀行員「保険料をお安くするのは簡単ですよ。例えば、半分のご予算で、ということであれば、保障を半分にすればよいのです。ただ、それではその分、積み立てできる金額も半分になってしまいます」

お客様「……」

銀行員「このお積立は、お子様の将来の大学進学資金にする、ということでした。積立の金額が半分になっても、お子様を大学に行かせてあげることができるでしょうか？」

解説

保険料を安くすることは実に簡単です。保障を下げれば、その分の保険料が安くなるからです。でも、よく考えていただきたいのですが、お客様が保険に加入する目的はなんなのでしょうか？

トーク例にあるように、お子様の教育資金を保険を活用して積み立てたい、というお客様の場合、目標額があるはずです。保険料を下げてしまって、その肝心の目標額に達しないとすると、そのプラン自体が意味のないものになってしまいます。

保険料の高低だけを見るのではなく、積立の目的がそもそもなんだったのか、ということをお客様に思い出していただき、対処していきましょう。

保険料を払っていけるかどうか心配するお客様に①

ご予算のうち半分を生命保険に、半分を積立定期預金にされてはどうでしょうか？

Talk 51

トークの流れ

銀行員「……ということになりますが、いかがですか」

お客様「月2万円の保険料か…。ここが問題よね」

銀行員「こちらの保険料をずっと払っていけるかがご心配なんですね」

お客様「そういうことです。先々まとまった資金が必要になることもあるだろうし、保険料に月2万円も回してしまっていいのかなって…」

銀行員「では、保険のご予算を半分の1万円にして、残りを積立定期預金にされてはどうでしょうか？　それで、どうしても保険料の支払いが厳しかったり、まとまった一時金が必要になった場合には、積立定期預金を崩す、という方法があります」

解説

お客様の中には、超長期にわたる生命保険料の支払いを考え、躊躇される方が少なくありません。

保険料を支払っている途中で収入が減ったり、一時金が必要になったらどうしよう…と考えて、契約に踏み切れないわけです。

そのような時には、無理に最初の予算どおりのプランをおすすめするのではなく、思い切って保険の予算を半分にし、残りの予算は積立定期預金に回すようにアドバイスしてみましょう。

「どうしても」という場合には積立定期預金を崩してお使いになれば、元本割れすることもありませんので、ご安心いただけるのではないでしょうか？

保険料を払っていけるかどうか心配するお客様に②

途中で保険料のお支払いが厳しくなった時のために「保険料の自動振替貸付」という制度があります。

Talk 52

トークの流れ

銀行員「以上がプランの内容です。ご不明な点はございませんか？」
お客様「いえ。保険によって長期的に大きな資産をつくれることがわかりました。ただ…」
銀行員「何か気になる点がございますか？」
お客様「ええ。毎月の保険料が2万円でしょ。ちゃんと払っていけるかしら？」
銀行員「なるほど。生命保険には、途中で保険料のお支払いが厳しくなった時のために『保険料の自動振替貸付』という制度があります。これならば、支払いが厳しい月には自動的に保険会社が保険料を貸し付けてくれますので、余裕ができた時に貸付を受けた分を支払えば、保険は何事もなかったようにご継続いただくことができます」

解説

保険契約は長期間にわたりますので、お客様の中には、プランにはご納得いただけても、保険料を払い続けられるかどうかをご心配されるケースが少なくありません。その場合には、生命保険が持っている契約者向けの各種制度についてお伝えしましょう。

貯蓄性の生命保険の多くには、保険料が未納となっても、保険料を保険会社が自動で貸し付けて保険契約が失効することを防ぐ自動振替貸付制度があります。ボーナスが支給されて余裕ができたら、貸付を受けた分を返済すれば契約は完全に元どおりになります。

返済しなければ借入残高は増えていきますが、万一の際には「借入元本＋利息」が保険金から差し引かれて支払われることになります。

「今は余裕がない」と言うお客様に

そのような状況で入院ということになると、治療費のご負担が相当に重くなりますよ。

Talk 53

トークの流れ

銀行員「お客様のような若い方にご提案させていただいている保険があるのですが…」

お客様「保険ですか？　いまは経済的に余裕がないので、お聞きしても無駄ですね」

銀行員「余裕がないというのは、何か出費がかさんで、ということなのでしょうか？」

お客様「そういうことではないのですが、もらった給料で生活するのに精いっぱいで…」

銀行員「でも、そのような状況で、病気やケガで入院ということになると、その治療費のご負担が相当に重くなりますよ」

お客様「そんな～、脅かさないでくださいよ」

銀行員「でも、それは本当なのです。お金のある方なら、いざという時も預貯金を崩せばなんとかなります。でも、今の生活が大変という方にいざということが起こると、必要なお金を払うために借金をしなければならなくなります」

解説

このような断りは大変多く、若くて預貯金が少ないお客様が、「余裕がない」の一言で保険を検討する機会を自ら放棄してしまいます。

しかし、備えがない人が入院して医療費がかかるようになったら、その資金はどうするのでしょう？　親から借りるか、ノンバンクのフリーローンなどを利用するしかありません。フリーローンの金利は高いですから、返し終えるまでに相当の利息を払うことになります。

こうしたことを考えると、医療保険であれば月々数千円でリスクを転嫁できるわけですから、その効用をしっかりと説いてみましょう。

「途中でお金が必要になったらどうする?」と言うお客様に

生命保険には「契約者貸付」という制度があります。

Talk 54

トークの流れ

銀行員「以上がプランの内容です。ご不明な点はございますか？」

お客様「内容はわかりました。でも、この契約をしてしまうと、まとまったお金が必要な時には、解約しないといけなくなるわけよね？」

銀行員「そんなことはございませんよ。生命保険には『契約者貸付』という制度があって、まとまったお金が必要な際には、解約返戻金の一定範囲内であれば借入をすることができます」

お客様「どういうこと？」

銀行員「例えば、こちらの生命保険会社ですと、契約者貸付の貸付利率は3％ですので、仮に100万円が必要になった場合、この生命保険の解約返戻金を担保にして借り入れることができ、1年間の利息は3万円になります。借りた額はお金ができた時に返済いただければ、契約は元どおりになります」

解説

生命保険の契約者向けの各種制度の一つに、「契約者貸付」があります。解約返戻金の一定範囲まで、保険の中からお金を借りることができる制度です。貸付利率は保険会社によって異なりますが、現在であれば2～3％程度です。

生命保険は、長期間にわたって資金が固定化されてしまうため、お客様としては、自分のお金が使えない状態になってしまう、という印象を持ちがちです。

契約者貸付を活用すれば、生命保険を続けながら、必要な時に必要な資金をご用立ていただけることをアピールしてみましょう。

「自分は若いし健康だから保険は必要ない」と言うお客様に

医療保険は、病気の場合だけでなく、地震などの災害や海外旅行、レジャーなどでのケガも保障します。

Talk 55

トークの流れ

お客様「自分はまだ若いし健康だから、保険は必要ないと思うわ」
銀行員「たしかに、お客様はまだお若いですから、大きな病気になる確率はかなり低いと思います。でも、医療保険は、病気の場合だけでなく、地震などの災害に巻き込まれた場合や、海外旅行やレジャーなどでのケガも保障します」
お客様「そうなんですね」
銀行員「はい。災害や事故に巻き込まれるリスクは年齢に関係ありませんし、気を付けていても、ご自身の努力だけでは防ぎきれません」
お客様「それはそうですね」
銀行員「今回ご提案している医療保険ですが、若いうちは事故や災害の保険として、年齢が高くなれば、それとともにリスクが高まる病気への備えとして、一つの保険で役割が変わると考えてみてはいかがでしょうか？」

解説

医療保険をおすすめする際、若いお客様ですと、「病気で入院する」ということには現実味を感じていただけないケースがあります。そのような場合には、医療保険のもう一つの側面である「ケガ・災害」への備えができるという点をお伝えするとよいでしょう。

日常生活やレジャーでのケガだけでなく、通常の医療保険であれば海外旅行でのケガや地震等の災害にも対応しています。お客様がイメージしやすい事例をもとに、「若いうちは病気のリスクは少ないが、ケガや災害は防ぎようがない」という点を話してみましょう。

「いざとなれば土地を売って相続税を払えばいい」と言うお客様に

相続した不動産を売却するには、遺産分割協議が円満に済み、登記が変更されていなくてはなりません。

Talk 56

トークの流れ

銀行員「相続対策は何かされていますか？」

お客様「特にしていないわ。相続税なら、不動産を売って現金にすればいいと思うし」

銀行員「なるほど。でもそれは、遺産分割協議が円満に済んだ場合ですよね」

お客様「どういうこと？」

銀行員「はい。相続した不動産を売却するには、その前に、お客様から相続人様に登記が変更されていないといけません。相続税は相続発生後10カ月以内に納付する決まりですので、それまでに遺産分割を終え、売却して相続人の方が現金を手にしている必要があるわけです」

お客様「そう言われると、少々不安だわ」

銀行員「例えば、生命保険をご活用されれば、保険金請求は遺産分割協議を経なくてもできますので、納税資金に困ることはなくなります」

解説

不動産をお持ちの方の中には、相続対策について、「いざとなれば不動産を売ればいい」とお考えになっている方が少なくありません。

しかし、相続人がその不動産を売却することは、不動産の登記が相続人の名義に変更されて初めて可能となりますが、そこに至る前の遺産分割で揉めてしまえば名義変更はできません。また、経済状況によって、予定どおりの金額で売却できるとは限りません。

生命保険であれば、契約どおりの金額を保険金受取人の請求によりすぐに現金化できます。この点を考えると、納税資金準備としての生命保険の活用余地は大きいと言えるでしょう。

PART 6

スムーズなクロージングのためのトーク

まずは始めてみる、ということが大切です。

Talk 57

トークの流れ

銀行員「以上がプランの内容です。ご不明な点はございますか？」

お客様「そうねえ…。大体はわかりました。どうしようかしら…。いまこの場で決めなきゃダメかしら？」

銀行員「何か気になる点でもございますでしょうか？」

お客様「いいえ、そういうわけではないのですが、長い契約なので、もっとよく考えたほうがいいかなと思って…」

銀行員「新しいことを始める際に、ためらわれるお気持ちはとてもよくわかります。でも、ご契約後でもプランの見直しは可能ですし、まずは始めてみる、ということが大切だと思いますよ」

解説

高い買い物や、長期間にわたって支払いを行う契約をするにあたって、なかなか決断ができず、長い間ためらうお客様は少なくありません。

生命保険は数十年にわたるご契約ですので、「プランは納得できても決心がつかない」というケースはよく見られます。

「持ち帰って検討します」とおっしゃるお客様は多いですが、持ち帰られても本当に検討されることは少ないのが実際です。プランの説明を聞いていたときは納得していたはずなのに、そのまま忘れられてしまうことが多いものです。

そうならないように、「まずは始めてみて、不都合があれば契約後でも見直しができる」ということをお伝えしましょう。

今日が これからの人生で 一番若い日です。

Talk 58

トークの流れ

銀行員「以上がプランのご説明でしたが、ご不明な点はございますか？」

お客様「病気なんかの場合に、この保険が役に立つことはよくわかりました。でも、私の年齢で病気の備えなんて、本当に必要かしら？」

銀行員「病気の備えはまだ早いのでは、とお考えなのですね。例えば、こちらの医療保険は、健康診断で何か指摘されたり、ご病気になると、とたんに加入が難しくなります。年齢とともに病気になるリスクは高くなりますので、お若い時だからこそ始めやすいと思います。今日がこれからの人生で一番若い日ですから」

解説

平準払いの生命保険は、契約時に健康状態の告知を行います。現在や過去において病気をしていないか、健康診断で指摘をされていないか、ということを確認し、問題がなければご加入いただけます。

しかし、30歳を過ぎたあたりから、多くの方が健康診断で何らかの指摘をされるようになります。例えば、肝機能の数値が高い、コレステロールが高いなど、すぐに治療が必要なレベルではなくても、「要精密検査」「要再検査」となれば、その検査結果がないと保険会社の引受けの査定ができず、引受けが難しくなります。

これからの人生で一番若いのは、今日、まさに今この瞬間です。明日以降は1日1日年齢を重ねていくのですから、今の健康状態に問題がなければ、問題のない今のうちにお手当てされることをおすすめしましょう。

生命保険は
長いご契約です。
住宅ローンを組む時と
同じように
慎重にご検討ください。

Talk
59

トークの流れ

銀行員「以上がこちらのプランのご説明でしたが、ご不明な点はございませんか？」
お客様「そうね。だいたいわかったわ」
銀行員「……」
お客様「どうしようかしら。迷うわ」
銀行員「生命保険は長いご契約です。住宅ローンを組む時と同じように、慎重にご検討ください」
お客様「そう言われればそうね。この契約も保険料を10年以上払うのよね……。うん、じゃあ、これで契約します！」

解説

一般に、契約を迫るとお客様は離れていき、こちらが少し距離を置こうとすると、お客様は近づいてくるものです。クロージングの場面では「この内容でご契約いただけますか？」などと契約を迫る方が多いですが、逆にじっくり考えていただくことをお伝えしてみましょう。特に金融機関は住宅ローンを取り扱っていますので、それを引き合いに出すのも効果的です。

「住宅ローンを組む時と同様に」と言われた際、お客様の脳裏には「住宅ローンは超長期の契約だから、信用のできる金融機関で契約したい」ということが浮かびます。そこから「生命保険はどこでも加入できるけど、信用の置ける金融機関で入れば間違いない」というように連想させることができます。

お客様が持っている「金融機関への信用」を背景に、押すだけではなく、少し引いたクロージングの技術も身につけましょう。

これからのお手続きの流れについてご説明させていただきます。

Talk 60

トークの流れ

（商品説明を終えて）

銀行員「では、ここまででご質問がないようでしたら、これからのお手続きの流れについてご説明させていただいてよろしいでしょうか？」

お客様「手続き？」

銀行員「はい。ご説明させていただいた内容でご納得いただけるようでしたら、お申込みにあたって必要なお手続きがいくつかございます」

お客様「どういう手続きでしょう？」

銀行員「まず、申込書と健康状態に関する告知書をご記入いただきますが、本日ご印鑑をお持ちでしたら、すぐにご記入いただけます。保険料は口座振替とさせていただきますので、本日、現金のお支払いは必要ありません。書類を保険会社に送ったのち、お引受けの判断をさせていただき、健康状態などに問題がなければ1週間程度で保険証券がご自宅に郵送されます」

お客様「じゃあ、それでお願いするわ」

解説

お客様にとって、生命保険の契約を行う機会というのは、人生の中で数えるほどしかありません。そのため、プランには納得していても、いざ契約となるといろいろな書類を書かされて時間がかかってしまうことを想像し、「面倒くさい」とお感じになることがあります。

プランに納得されたようでしたら、これからの手続きの全体像を簡潔に、要領よくお伝えし、お客様の手間について具体的なイメージを持っていただきましょう。そうすることで、お客様は決断に踏み切りやすくなるのです。

〔著者紹介〕

黒澤雄一（くろさわ・ゆういち）

FPソリューション代表。1級ファイナンシャル・プランニング技能士。

1969年北海道札幌市生まれ。92年北海道大学法学部卒業、同年、大手保険会社に入社。以後、自ら営業の第一線で蓄積したノウハウを営業教育に活かし、銀行代理店・損保代理店・生保プロ代理店・直販営業社員向けのセールストレーナーを歴任。FP知識を活用した生命保険販売ノウハウに精通する。

エッジが効いた、相手の心に染み入る販売手法をわかりやすく解説するセミナーが好評。金融・FP系雑誌での連載・執筆多数。著書に『明日の貴方を変える 経営者保険セールスの教科書』（近代セールス社）がある。

改訂新版
お客様の心をつかむ
保険窓販の使えるトーク60選

2016年9月 6 日　初版発行
2024年9月24日　改訂新版発行（通算第5刷）

著　者――黒澤雄一
発行者――大畑数倫
発行所――株式会社近代セールス社
〒165-0026
東京都中野区新井2-10-11　ヤシマ1804ビル4階
電話(03)6866-7586
FAX(03)6866-7596
印刷・製本――三松堂株式会社
装　丁――今東淳雄(maro design)

ISBN978-4-7650-2413-6